Knobelspaß
für Rechenkünstler

Text:
Sarah Khan

Gestaltung: Marc Maynard

Illustrationen:
Lizzie Barber, Non Figg und Stella Baggott

30

· 2   60   + ...

105

− ....   : 5

7

Stadtplaner

Zeichne zwei Kreise, die sich überlappen. Sie unterteilen die Gebäude dieser Stadt in drei Gruppen:

Im *oberen* Kreis stehen Gebäude mit **mehr als drei** Fenstern an der Vorderseite, im unteren Kreis Gebäude mit einer **blauen** Haustür. Dort, wo sich die Kreise überschneiden (Schnittmenge), stehen jetzt nur Häuser mit mehr als drei Fenstern **und** einer blauen Haustür. Stimmt das?

Zugfahrt

Dieser Zug fährt von Rieningen nach Waldenau. Unterwegs hält er in Tauberbach und Bergdorf. Bei der Abfahrt in Rieningen sitzen 88 Reisende im Zug. Einige von ihnen steigen in Tauberbach aus, wo 12 neue Fahrgäste hinzukommen. In Bergdorf steigen 45 Personen ein und 12 aus. Als der Zug in Waldenau ankommt, sind 120 Fahrgäste an Bord. Wie viele Passagiere sind in Tauberbach ausgestiegen?

Lösung: ....

Weltraumkarte

3

Zeichne die unten genannten Koordinaten in das Raster ein.
Die erste Zahl bezeichnet einen Punkt auf der waagerechten
Linie, die zweite sagt dir, wie viele Punkte du senkrecht
abzählen musst. Starte immer bei 0. Welche Form entsteht,
wenn du dann die Punkte der Reihe nach verbindest?

(0, 4) (1, 1) (4, 1) (2, -1) (3, -4) (0, -2)
(-3, -4) (-2, -1) (-4, 1) (-1, 1) (0, 4)

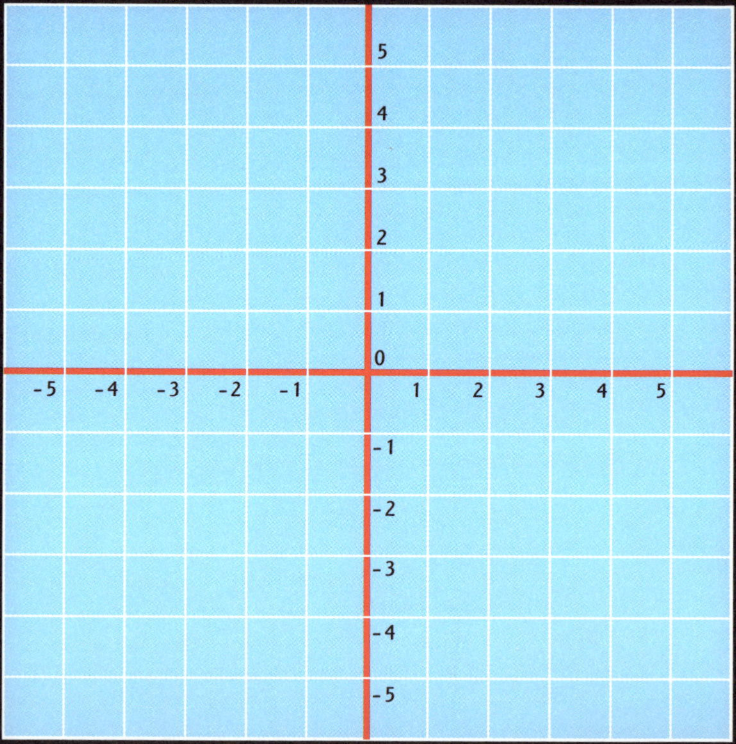

Lösung: ....

Punkte verbinden

Verbinde die Punkte und folge dabei der Viererreihe
des Einmaleins. Wer besucht die Blume?

Spielwarenladen

Am Montag lagen in den Regalen des Spielwarenladens 60 Puppen, 40 Bälle, 55 Roboter und 75 Teddys. Bis Ende der Woche wurden 54 Puppen, 34 Bälle, 11 Roboter und 60 Teddys verkauft.

Wovon wurde am meisten verkauft (in Prozent)?

Lösung: ....

Honigwaben

Die Biene möchte zu ihrer Freundin. Dabei muss sie von einer Wabe zur nächsten wandern und darf nur Waben mit geraden Zahlen berühren. Zeige ihr den kürzesten Weg.

Start

94 17

55 76 82 173 65

7 30 105 33 108 42 180

64 21 134 97 187 16

13 116 68 155 1 36 88

52 17 83 58 174 143

111 17 6 200 39 95 86

3 90 41 8 152

6 137

Ziel

Milchrechnung

Ein Bauer hat 5 Kühe: Alma, Bertha, Clara, Dolores und Erika. In ein Diagramm trägt er ein, wie viele Einheiten Milch jede Kuh pro Tag gibt. Aber er vergisst, die Namen dazuzuschreiben. Er weiß nur noch, dass Alma 1 Einheit mehr gegeben hat als Clara und dass Erika genauso viel Milch gegeben hat wie Bertha.

Wie viele Einheiten Milch hat jede Kuh gegeben?

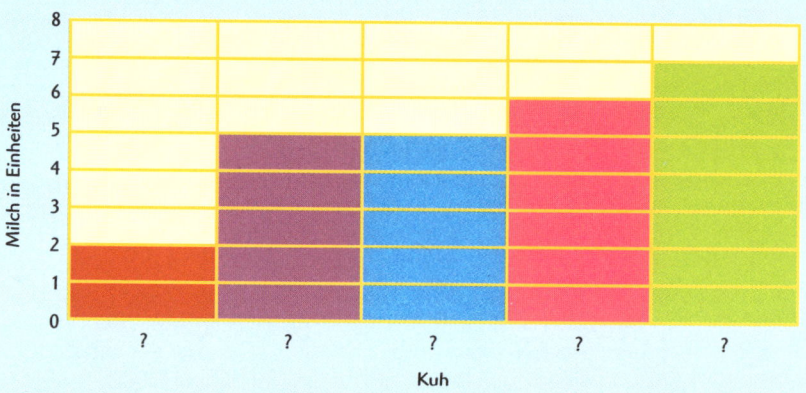

Alma ....

Bertha ....

Dolores ....

Clara ....

Erika ....

Reisegepäck

Eine Reisegruppe wartet auf den Zug. Insgesamt haben
die Reisenden 10 Gepäckstücke dabei.

- Sie haben 2 blaue Taschen und 1 blauen Koffer.
- Sie haben 1 grüne Tasche weniger als blaue Taschen.
- Sie haben 1 schwarzen Koffer mehr als blaue Koffer.
- Sie haben genauso viele braune Taschen wie grüne
  Taschen und schwarze Koffer zusammengerechnet.
- Die restlichen Taschen sind rot.

**Wie viele
Gepäckstücke
sind:**

1. blau ?

....

2. grün ?

....

3. schwarz ?

....

4. braun ?

....

5. rot ?

....

Kaugummi-Automat

Von den 20 Kaugummis in diesem Automaten sind 10 rot, 1 ist gelb und der Rest ist grün. Wie hoch ist die Wahrscheinlichkeit, dass du einen der folgenden Kaugummis erhältst, wenn du eine Münze einwirfst? Verbinde die Farben mit der richtigen Antwort.

Rot?	**Unwahrscheinlich**
Gelb?	**Etwa halbe-halbe**
Grün oder rot?	**Unmöglich**
Blau?	**Wahrscheinlich**
Kaugummi?	**Tritt auf jeden Fall ein**

Langstreckenflug

Sven fliegt von Sydney in Australien über Los Angeles nach New York City in den USA. Rechne das Datum und die Uhrzeit seiner Ankunft in New York (Ortszeit) aus. Verwende dazu die folgenden Informationen.

- Sven fliegt am Dienstag, den 30. November, um 14:00 Uhr aus Sydney ab.

- Die Ortszeit in New York liegt 12 Stunden hinter der von Sydney. Wenn es also in New York noch Vormittag ist, ist es in Sydney schon Abend.

- Der Flug von Los Angeles nach New York dauert 5 Stunden.

- Von Sydney nach Los Angeles fliegt man 14 Stunden.

- In Los Angeles hat Sven 2 Stunden Aufenthalt.

Lösung:

....

....

Schokoladenfabrik

Dieses Diagramm enthält Informationen zur Produktion von Vollmilch- und Zartbitterschokolade in einer Fabrik. Kannst du damit die Fragen unten beantworten?

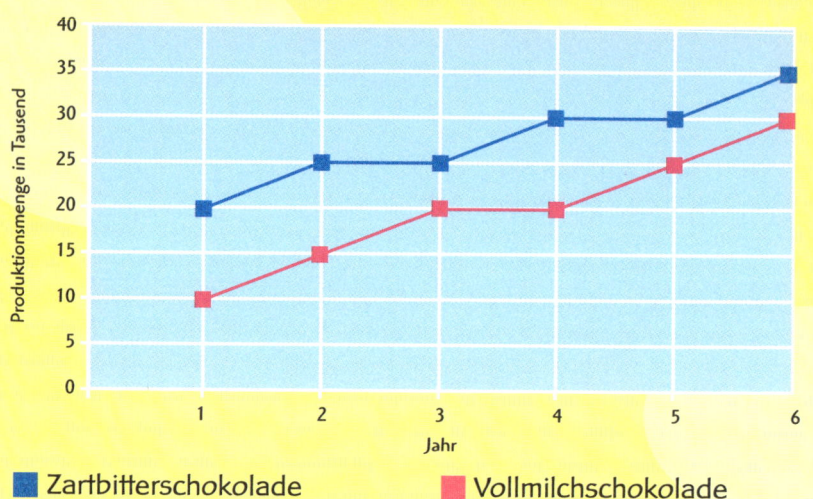

■ Zartbitterschokolade   ■ Vollmilchschokolade

1. Bei welcher Schokoladensorte stieg die Produktionsmenge zwischen Jahr 1 und 6 am meisten an? Kreise die Lösung ein.

2. Bei welcher Schokoladensorte stieg die Produktionsmenge zwischen Jahr 2 und 5 am wenigsten an? Unterstreiche die Lösung.

3. Um wie viel stieg die Produktionsmenge von Zartbitterschokolade zwischen Jahr 4 und 6 an?

Lösung:...

Türme und Zinnen

Zeichne einen zweiten Turm mit derselben Form, versetze
ihn aber um 6 Felder nach rechts und 5 Felder nach oben.

Golfspiel

Der Golfspieler sucht den kürzesten Weg, um alle vier Löcher der Reihe nach zu spielen, ohne in Sandbunker oder Teiche zu geraten. Dabei muss er den hellen Linien nach Norden, Süden, Osten oder Westen folgen. Wie viele Schritte muss er machen?

100 Schritte

Lösung:

....

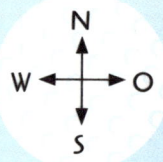

Fehlende Zeichen

Ergänze die fehlenden Rechenzeichen so, dass jede Zeile eine wahre Aussage enthält. Verwende < für „kleiner als", > für „größer als" und = für „ist gleich".

a. 0,75 .... $\frac{3}{4}$

b. $\frac{1}{4}$ .... $\frac{90}{270}$

c. −87 .... −78

d. 24 564 .... 24 465

e. 20 % .... $\frac{1}{5}$

f. 1 000 000 .... einhunderttausend

g. 846 372 .... 846 382

h. $\frac{5}{15}$ .... $\frac{7}{21}$

i. 394 .... dreihundertvierundneunzig

j. sechshundertzweiundvierzig 6,42

Wasserspaß

Die Betreuerin im Hotel Tropicana trägt das Alter und die Nationalitäten der Gäste im Kinderclub in eine Tabelle ein. Allerdings fällt das Blatt ins Wasser, bevor sie fertig ist.

Kannst du die fehlenden Zahlen für sie ergänzen?

	unter 10	10 – 16	gesamt
amerikanisch	5		8
britisch	7	4	
deutsch		9	18
französisch	6		10
gesamt		20	

Markttag

Du gehst mit 25 Münzen auf den Markt und kaufst alles, was auf der Einkaufsliste steht. Wie viele Münzen hast du übrig?

Karotten –
1 Münze/Stück

Kartoffeln –
1 Münze/Stück

Blumenkohl –
3 Münzen/Stück

Beeren –
4 Münzen/Tüte

Kürbisse –
5 Münzen/Stück

Äpfel –
1 Münze/Stück

Einkaufsliste

3 Karotten	4 Äpfel
1 Kürbis	1 Blumenkohl
5 Kartoffeln	$\frac{1}{2}$ Tüte Beeren

Lösung:

....

Computerspiele

1. Julius hat 55 Computerspiele. Jeweils 3 von 11 sind Strategiespiele, der Rest sind Rennspiele. Wie viele Rennspiele hat er?

Lösungen:

....

2. Julius nimmt an einem Turnier teil und gewinnt jeweils 3 von 4 Spielen. Insgesamt siegt er bei 12 Spielen. Wie viele Spiele verliert er?

....

3. Das Turnier hat 30 Teilnehmer. Jeweils 1 von 5 ist ein Mädchen. Wie viel weniger Mädchen nehmen teil als Jungen?

....

Gleiche Strecken

Markiere die Schienenstrecke, die genauso verläuft
wie die Strecke mit dem Zug, mit einem X.

Was passt nicht?

Kreise in jeder Wolke die Rechenaufgabe ein, die ein anderes Ergebnis hat als der Rest.

A

52 − 48

15 : 5

0,25 · 12

−17 + 20

B

−4 + 11

0,5 · 15

56 : 8

93 − 86

C

67 − 52

60 : 5

0,75 · 20

−19 + 34

D

144 : 3

111 − 63

0,2 · 220

−33 + 81

Zahlenstrahl

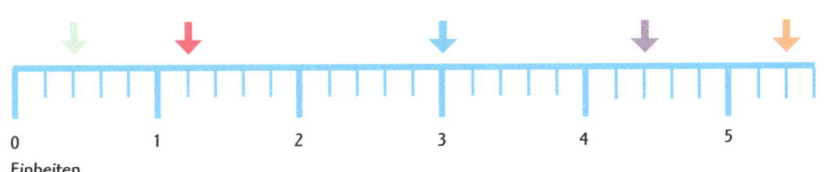

0   1   2   3   4   5

Einheiten

Wie groß ist der Abstand zwischen …

1. … dem grünen und dem blauen Pfeil?

....

2. … dem rosafarbenen und dem lilafarbenen Pfeil?

....

3. … dem blauen und dem orangefarbenen Pfeil?

....

4. … dem grünen und dem orangefarbenen Pfeil?

....

Rette sich, wer kann!

Der Fuchs kommt! Leider können sich in jeden Bau nur drei Hasen retten. Wie viele müssen ganz schnell die Flucht ergreifen?

Lösung: ....

Köstliche Kekse

1. Hannah hat Kekse gebacken. Die Hälfte davon schenkt sie ihrer Freundin. Dann fällt ihr die Hälfte der restlichen Kekse auf den Boden. Nun hat sie nur noch sechs Kekse übrig. Wie viele hatte sie am Anfang?

Lösung: ....

2. Am nächsten Tag backt Hannah wieder. Sie isst drei Kekse und verteilt den Rest auf sieben Keksdosen. Dabei legt sie in jede Dose doppelt so viele Kekse wie in die vorherige: in die erste Dose einen, in die zweite zwei, in die dritte vier und so weiter. Wie viele Kekse waren es insgesamt?

Lösung: ....

Dreiecke

Wie viele Dreiecke verstecken sich in diesem Muster?

Lösung: ....

Gefräßiger Frosch

Wenn der Frosch Hunger hat, dreht er sich im Uhrzeigersinn und fängt eine Fliege. Dann kehrt er zu seiner Startposition zurück. In welcher Reihenfolge werden die Fliegen gefressen, wenn er sich um diese Winkel dreht:

180°, 90°, 270°, 315°, 135°

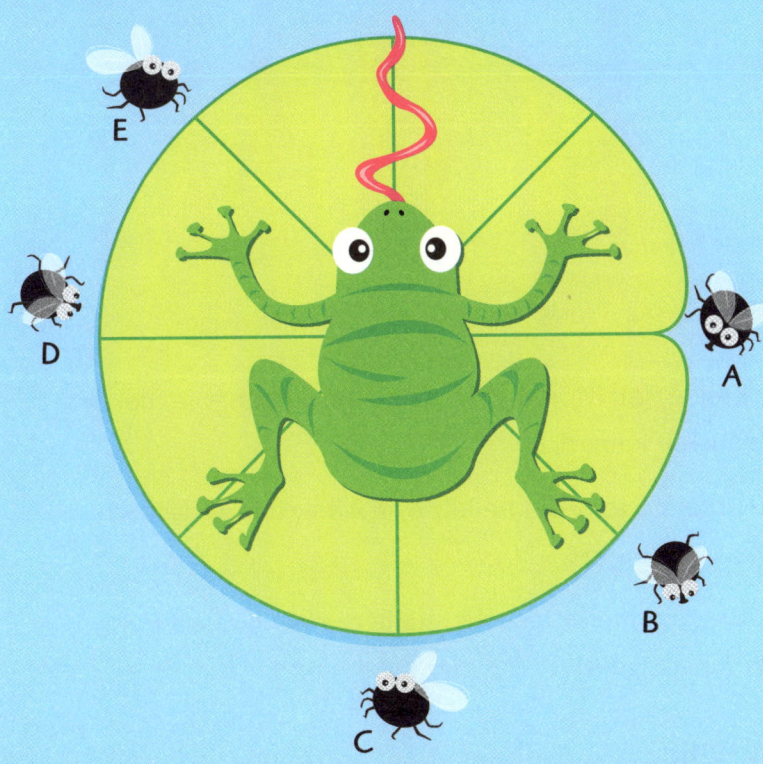

Lösung: ....

Freizeitpark

Das Diagramm zeigt, wie viele Besucher welche
Attraktionen in einem Freizeitpark benutzt haben.
Kannst du damit die Aufgaben unten lösen?

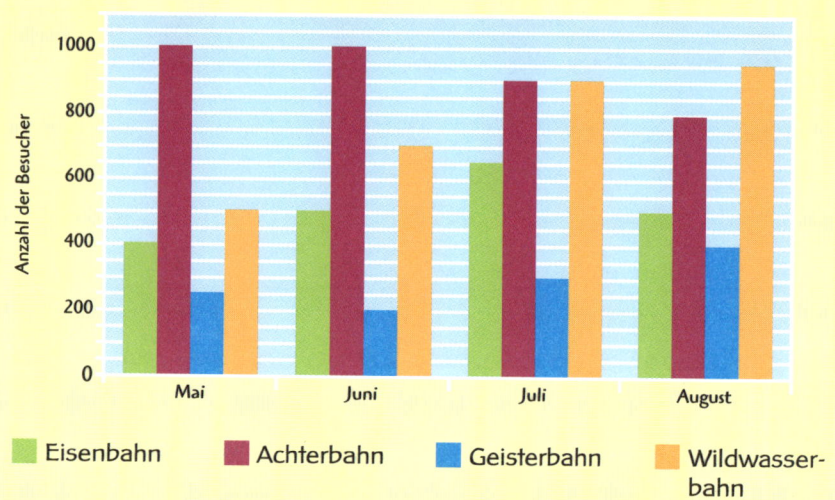

■ Eisenbahn   ■ Achterbahn   ■ Geisterbahn   ■ Wildwasserbahn

1. Kreise den Monat ein, in dem insgesamt die meisten
Besucher kamen.

2. Unterstreiche die beliebteste Attraktion zwischen
Mai und August.

3. Wie viel mehr Besucher hatte die Wildwasserbahn
im Juli als im Mai?

Lösung: ....

Kreuzzahlenrätsel

Löse die Aufgaben unten und schreibe die richtigen Zahlen in die Felder. (Das Komma besetzt ein eigenes Feld.)

Waagerecht ➡

2. 40 000 · 5

4. zwölf Millionen dreiundvierzigtausendundsieben

6. ein Fünftel als Kommazahl

8. Anzahl der Monate in fünftausend Jahren

9. 47 893 748 - 6 351 454

Senkrecht ⬇

1. 6308 + 3601

3. drei Viertel als Kommazahl

4. eine Million und elf

5. Gradanzahl in einem vollständigen Kreis · 1001

7. 38 695 + 42 179

Castingshow

In einer Castingshow wurde gerade abgestimmt. Hier sind die Stimmen, die per SMS und Telefon abgegeben wurden.

Sieh dir die Ergebnisse an und löse die Aufgaben unten.

Erhaltene Stimmen

Mischa	SMS — 958 273	Telefon — 1 107 475
Lars	SMS — 964 529	Telefon — 979 768
Ella	SMS — 974 702	Telefon — 988 021
Tim	SMS — 978 504	Telefon — 1 045 371
Jule	SMS — 899 878	Telefon — 998 796

Tolles Talent

Superstar

1. Unterstreiche die Namen der drei Teilnehmer mit den meisten Stimmen.

2. Kreuze den Teilnehmer mit den wenigsten Stimmen an.

Zielscheibe

Jeder Ring auf der Zielscheibe hat eine Punktzahl.

Welche drei unterschiedlichen Ringe musst du treffen,
um diese Ergebnisse zu erzielen:

70 ....

100 ....

120 ....

(Manchmal gibt es mehr als eine Lösung.)

Dosenwerfen

Schreibe die fehlenden Zahlen auf die leeren Dosen.
Jede Zahl ist die Summe der beiden Zahlen direkt unter ihr.

Tresorknacker

Folge den Anweisungen und knacke so die Zahlen-
kombination für den Tresor. Jedes Mal, wenn du das Rad
drehst, erscheint oben eine neue Zahl. Starte mit der 0.

Lösungen:

Drehe das Rad um 10 % im Uhrzeigersinn.	....
Drehe es dann um 20 % in die entgegengesetzte Richtung.	....
Drehe das Rad nun um 40 % im Uhrzeigersinn.	....
Drehe es dann noch einmal um 60 % in die entgegengesetzte Richtung.	....

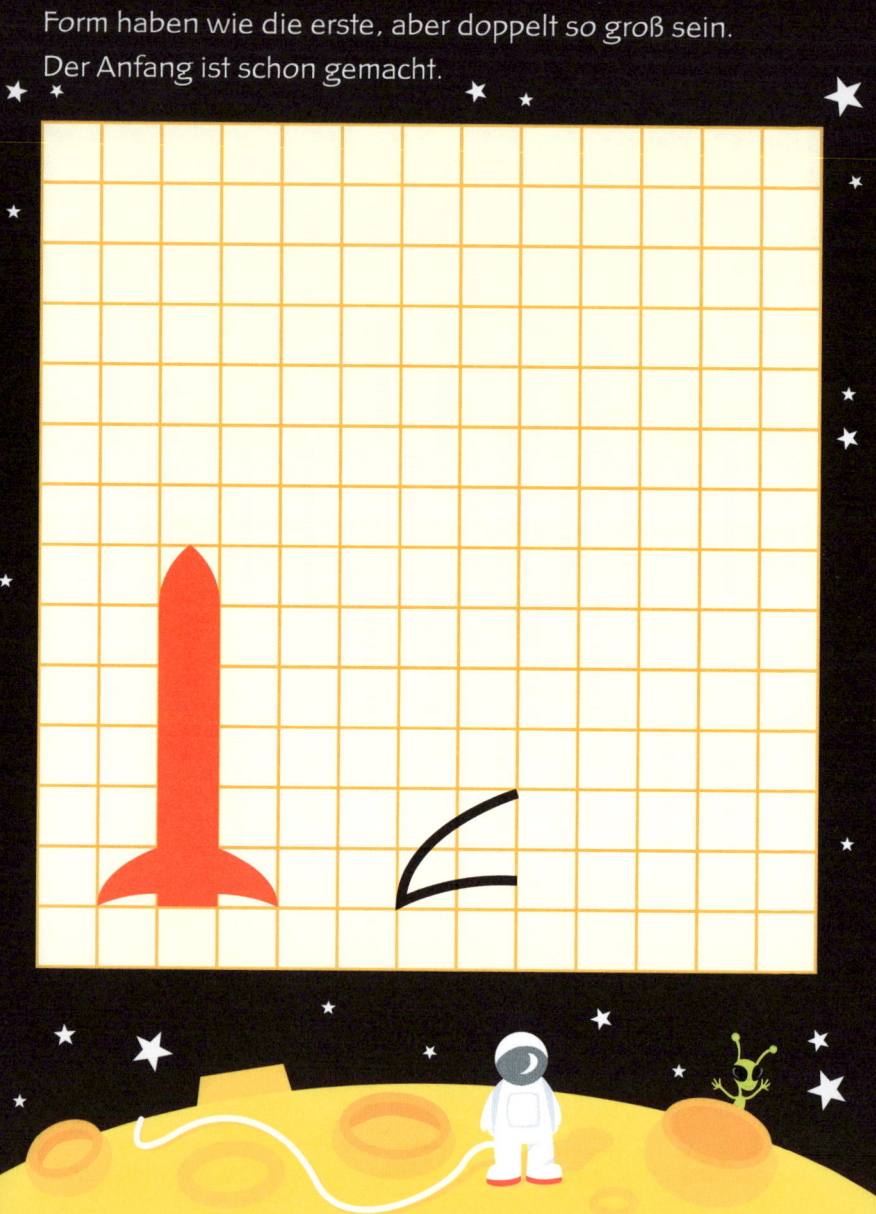

Riesenrakete

Zeichne eine zweite Rakete in das Raster. Sie soll dieselbe Form haben wie die erste, aber doppelt so groß sein. Der Anfang ist schon gemacht.

Schnittmengen

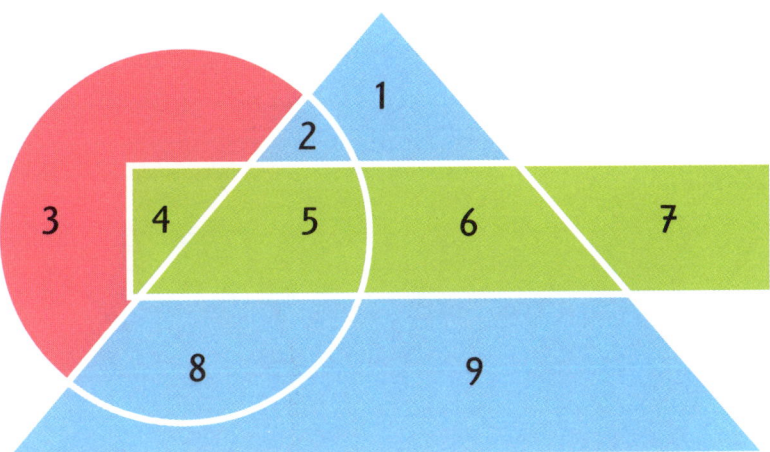

Lösungen:

1. Welche Zahl liegt im Kreis und im Rechteck, aber nicht im Dreieck?	....
2. Welche Zahlen liegen im Dreieck und im Kreis, aber nicht im Rechteck?	....
3. Welche Zahlen liegen nur im Dreieck und in keiner anderen Figur?	....
4. Welche Zahl liegt in allen drei Figuren?	....

Angelspaß

Jeder Angler kann nur den Fisch fangen, dessen Zahl genauso *groß* ist wie die Zahl, die vor ihm am Boot steht. Bei welchem Angler beißt kein Fisch an und welcher Fisch entkommt? Kreise ein.

Im Stau

Tom und Lotta stecken mit ihren Eltern in einem Verkehrsstau fest. Tom sieht durch sein Fenster 2 rote, 3 blaue und 5 silberne Autos. Lotta entdeckt 6 silberne, 3 schwarze und 2 blaue Autos sowie 1 rotes.

Wie viel Prozent von
Toms Autos sind rot? ....

Wie viel Prozent von
Lottas Autos sind schwarz? ....

Wie viel Prozent der Autos, die
beide Kinder sehen, sind silbern? ....

Bingo

Henri und Joel spielen Rechenbingo. Jedes Mal, wenn eine Zahl aufgerufen wird, streichen sie das Feld auf ihrer Karte durch, das zu dieser Zahl passt. Schau dir die Bingokarten und die aufgerufenen Zahlen an. Wer wird zuerst fertig?

12, 76, 21, 33, 64, 90, 84, 8, 59, 22

Henri

45 · 2	22 − 14	99 : 3
52 + 24	84 : 7	70 − 11
4 · 16	63 + 21	57 − 36

Joel

6 · 14	108 : 9	16 + 43
98 − 22	17 + 47	5 · 18
96 : 12	73 − 51	18 + 15

Zahlencode

Die Ergebnisse der Aufgaben wurden durch Buchstaben ersetzt. Löse die Aufgaben und schreibe die Buchstaben über die passenden Zahlen unten, um die Scherzfrage zu beantworten.

Frage:

Was macht die Kuh, wenn sie ihr Euter schüttelt?

Aufgaben:

75 • 3 = C	379 – 254 = L	512 : 2 = S
312 – 202 = H	49 + 85 = M	59 + 83 = K
249 – 72 = H	98 + 67 = E	369 : 3 = A
34 • 4 = I		

Lösung:

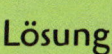

....
134   136   165   225

....
110   256   177   123   142   125

Versteckspiel

Zwischen den Fischen und Algen haben sich 5 Seesterne versteckt. Schreibe ihre Koordinaten unten auf.
Verwende dabei diese Schreibweise: Buchstabe, Zahl.

Lösung: ....

Musterreihe

1
2
3

Was glaubst du: Wie viele …

1. … gelbe Steine würde Muster 4 enthalten?…………………

2. … blaue Steine würde Muster 4 enthalten?…………………

3. … gelbe Steine würde Muster 10 enthalten? ………………

4. … blaue Steine würde Muster 50 enthalten?………………

5. … Steine würde Muster 100 insgesamt enthalten?………

Was gehört zusammen?

Links siehst du flache zweidimensionale Figuren und rechts dreidimensionale Körper. Welche Körper entstehen, wenn du die Figuren faltest? Verbinde jede 2-D-Figur mit dem passenden 3-D-Körper.

Zwillinge

Welche beiden Windräder können *so* gedreht werden,
dass sie genau gleich sind?

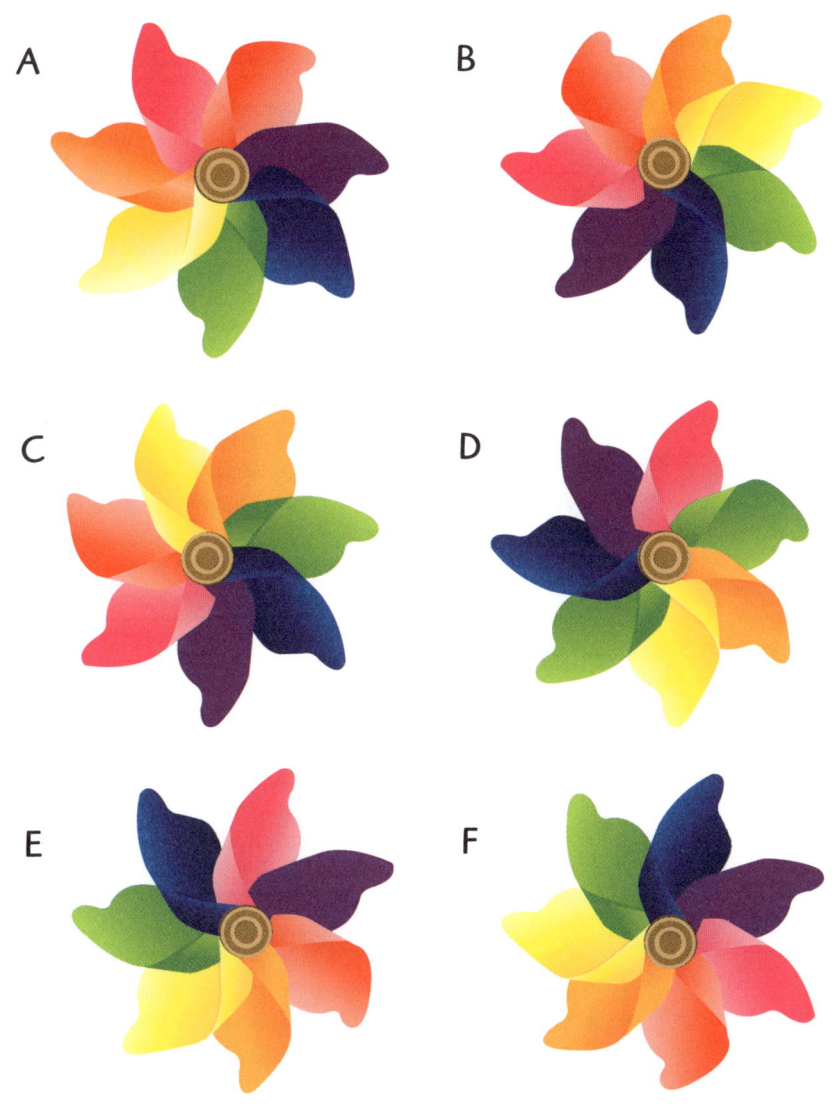

A

B

C

D

E

F

Weihnachtsbäume

Die Zahl auf dem Stern jedes Baumes ist durch alle Zahlen auf den Kugeln teilbar. Welche Zahlen fehlen auf den leeren Kugeln? Ein Beispiel ist bereits ausgefüllt.

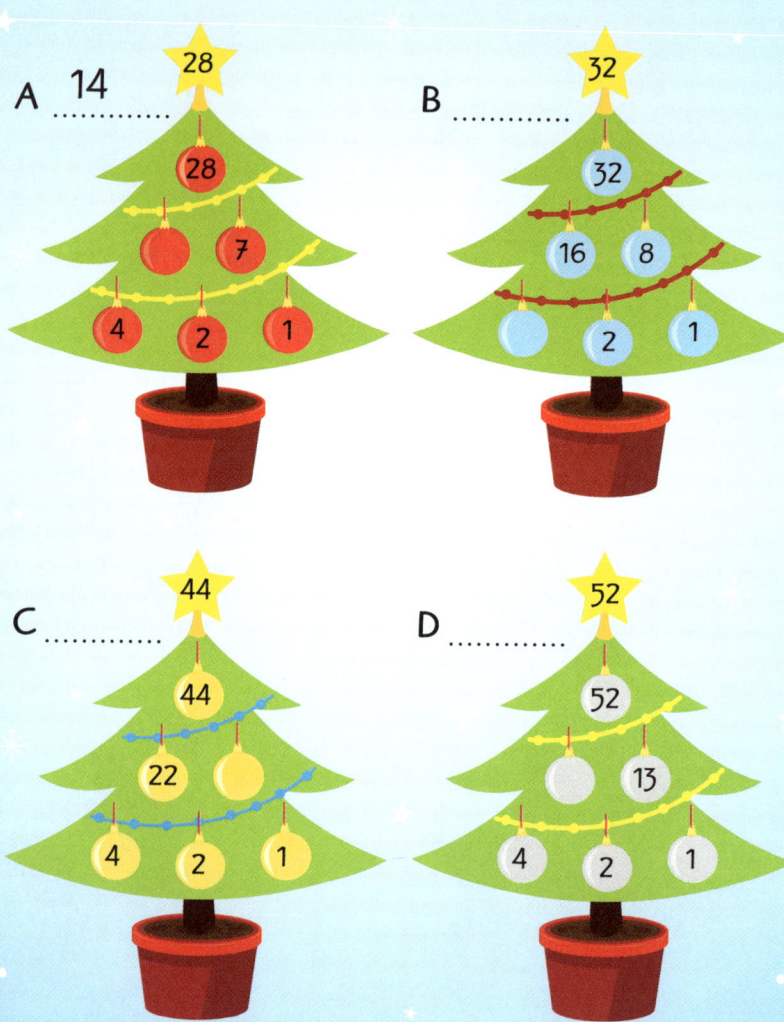

A 14

B ....

C ....

D ....

Planeten und Monde

Die Zahlen auf den Planeten entstehen, indem man die Zahlen auf ihren Monden in einer bestimmten Reihenfolge addiert und subtrahiert. Finde die Reihenfolge bei den oberen Planeten heraus. Welche Zahl fehlt auf dem unteren Planeten?

Dschungel-Diagramm

Schau dir das Bild genau an und löse dann
die Aufgabe auf der rechten Seite.

Zähle die Pflanzen und Tiere auf der linken Seite und vervollständige die Tabelle.

	grüne Frösche	orange-farbene Frösche	rote Blumen	orange-farbene Blumen	weiße Blumen
12					
11					
10					
9					
8					
7					
6					
5					
4					
3					
2					
1					
0					

Dominosteine

Welcher Dominostein ist der nächste in der Reihe?

Reihe 1

Reihe 2

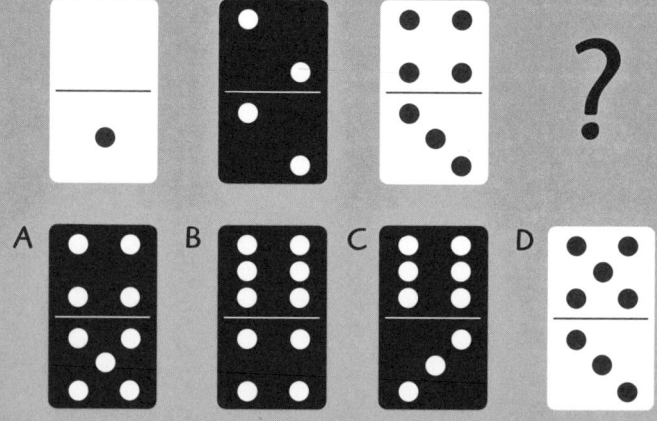

Leckere Kuchen

1. Wie kannst du einen viereckigen Kuchen mit nur **drei**
geraden Schnitten in **acht** gleich große Stücke teilen?
Du darfst die Stücke beim Schneiden nicht verschieben.
Zeichne die drei Schnittlinien auf den Kuchen.

2. Dieser quaderförmige Kuchen ist 6 Einheiten hoch,
11 Einheiten breit und 7 Einheiten tief. Alle sechs Seiten
sind mit rosafarbenem Guss bedeckt. Der Kuchen wird
in 462 Würfel geteilt, die alle 1 · 1 · 1 Einheiten groß sind.
An wie vielen Würfeln ist Zuckerguss?

Lösung: ....

Kreuz und quer

Ergänze in den leeren gelben Feldern die Zahlen von 0 bis 9.
Die Summe der Zahlen in jeder Zeile oder Spalte soll dabei
die Zahl auf dem jeweiligen Pfeil ergeben. Die Richtung der
Pfeile zeigt an, ob du waagerecht oder senkrecht addieren
musst. Jede Zahl darf in jeder Zeile und in jeder Spalte
nur einmal vorkommen. Beispiel: Du kannst 4 aus 3 und 1
zusammensetzen, aber nicht aus 2 und 2.

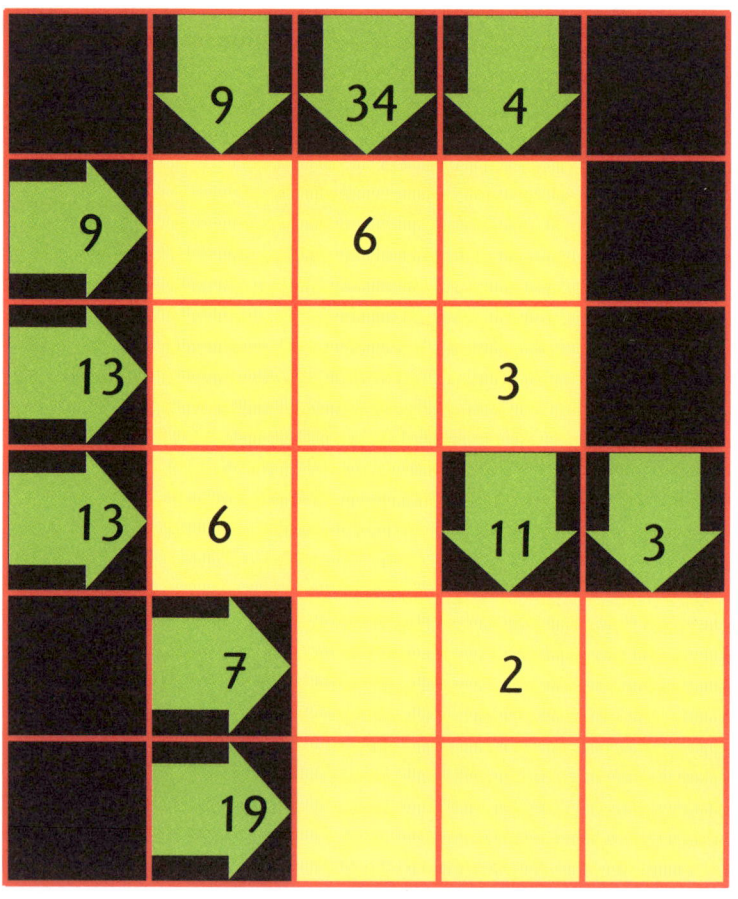

Vierbeinige Freunde

Sarah geht jeden Tag dreimal mit ihrem Hund spazieren. In zwei Wochen verbringt sie insgesamt 21 Stunden mit dem Hund draußen. Sie ist jedes Mal gleich lang unterwegs. Wie lange dauert ein Spaziergang?

Lösung: ....

Alle 416 Teilnehmer einer Umfrage haben einen Hund, eine Katze oder beides. 316 haben einen Hund und 280 eine Katze. Wie viele Hundebesitzer haben keine Katze?

Lösung: ....

Anke und Lars arbeiten in einem Tierheim und putzen dort jeden Tag die Käfige. Anke säubert an einem Tag 13 Käfige und Lars 10. Wie viele Käfige mehr schafft Anke im Vergleich zu Lars in einer Woche?

Lösung: ....

Kalenderrätsel

OKTOBER						
So	Mo	Di	Mi	Do	Fr	Sa
		1	2	3	4	5
6	7	8	9	10	11	12
13	14	15	16	17	18	19
20	21	22	23	24	25	26
27	28	29	30	31		

Auf welches Datum fällt der Tag, der …

1. … zwei Tage vor dem Tag liegt, der vier Tage später ist als der Tag eine Woche nach dem Tag, der fünf Tage vor dem Tag ist, der auf Mittwoch, den 23. Oktober, folgt?

Lösung: ....

2. … direkt auf den Tag folgt, der zwei Tage nach dem Tag liegt, der vier Tage vor dem Tag kommt, der eine Woche nach dem Tag ist, der zwei Tage vor dem 8. Oktober liegt?

Lösung: ....

Eine Lebensgeschichte

Die Elefantendame Elsa hat $\frac{1}{4}$ ihres Lebens in freier Wildbahn verbracht, $\frac{1}{8}$ in einem Zirkus und $\frac{1}{2}$ in einem Zoo. Seit 9 Jahren lebt Elsa in einem Elefantenreservat. Wie viele Jahre hat sie wo verbracht?

...... Jahre in freier Wildbahn

.... Jahre im Zirkus

.... Jahre im Zoo

Elsa ist .... Jahre alt.

Formenreihen

Setze die Reihen fort.

1.

2.

3.

4.

5.

Winkel ergänzen

Berechne die fehlenden Winkel in diesem Bild. Beachte
dabei folgende Tipps:

- Die Summe der Winkel auf einer geraden Linie ist 180°.
- Die Summe der Winkel in einem Dreieck ist 180°.
- Die Summe der Winkel in einer vierseitigen Figur ist 360°.

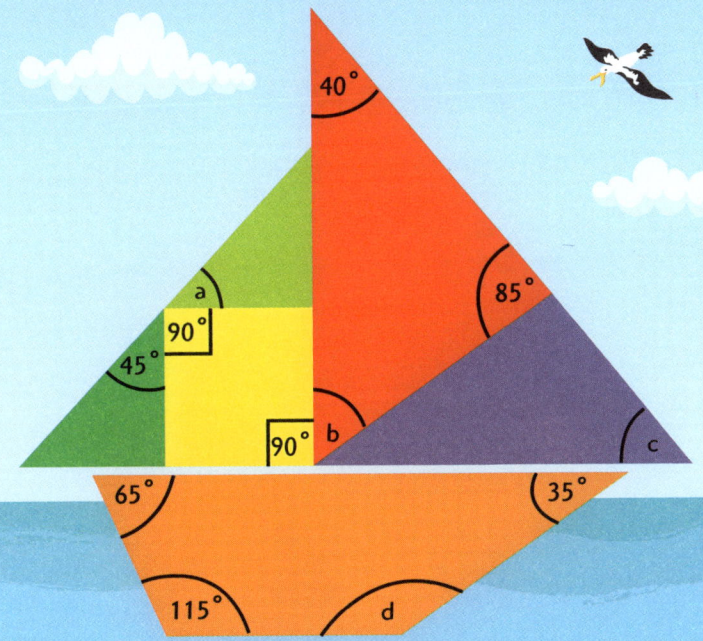

Lösungen:

a................ b................ c................ d................

Bilderrätsel

Die Bilder in diesem Raster stehen für die Zahlen 1, 2, 3 und 4. Die Zahlen am Rand des Rasters geben die Summe der Zahlen in jeder Zeile oder Spalte an. Welches Bild steht für welche Zahl?

Lösungen:

Kartentricks

Die Wahrscheinlichkeit, aus diesen Karten eine Dame zu ziehen, ist $\frac{2}{8}$ oder auch $\frac{1}{4}$. Wie hoch ist die Wahrscheinlichkeit, eine der folgenden Karten zu ziehen:

1. König ....

2. Herz ....

3. rote Karte ....

4. Pik-Ass ....

5. Karo-Bube ....

Sudoku

Dieses Raster besteht aus 9 Blöcken. Jeder Block hat 9 Felder. Fülle die leeren Felder so aus, dass jeder Block alle Zahlen von 1 bis 9 enthält. Jede Zahl darf in jeder Spalte, in jeder Zeile und in jedem Block nur einmal vorkommen.

		7	8	5		1		
	3	1			2			6
		9	6		4			7
	7			9		6	5	
	5	2		6		9	8	
	9	4		3			1	
7			1		9	3		
9			3			2	7	
		8		2	6	4		

1 2 3 4 5 6 7 8 9

Delfintraining

Die Delfine im Meerespark lernen neue Tricks. Jeder Delfin hat seinen eigenen Trainer, der ihn für jeden Trick mit einem Fisch belohnt. Zu Beginn der Übungszeit hat jeder Trainer 10 Fische.

- Benny macht 5 Tricks.
- Pepe macht 2 Tricks weniger als Dolly.
- Dolly macht einen Trick mehr als Benny.
- Diego macht 3 Tricks mehr als Pepe.

**Wie viele Fische haben die Trainer
am Ende der Übungszeit jeweils übrig?**

Bennys Trainer ....

Pepes Trainer ....

Dollys Trainer ....

Diegos Trainer ....

Rechenmaschine

Diese Rechenmaschine verwandelt Zahlen in andere Zahlen. Beschrifte die leeren Schalter auf der Maschine so, dass aus der Zahl auf der linken Seite die Zahl auf der rechten Seite wird.

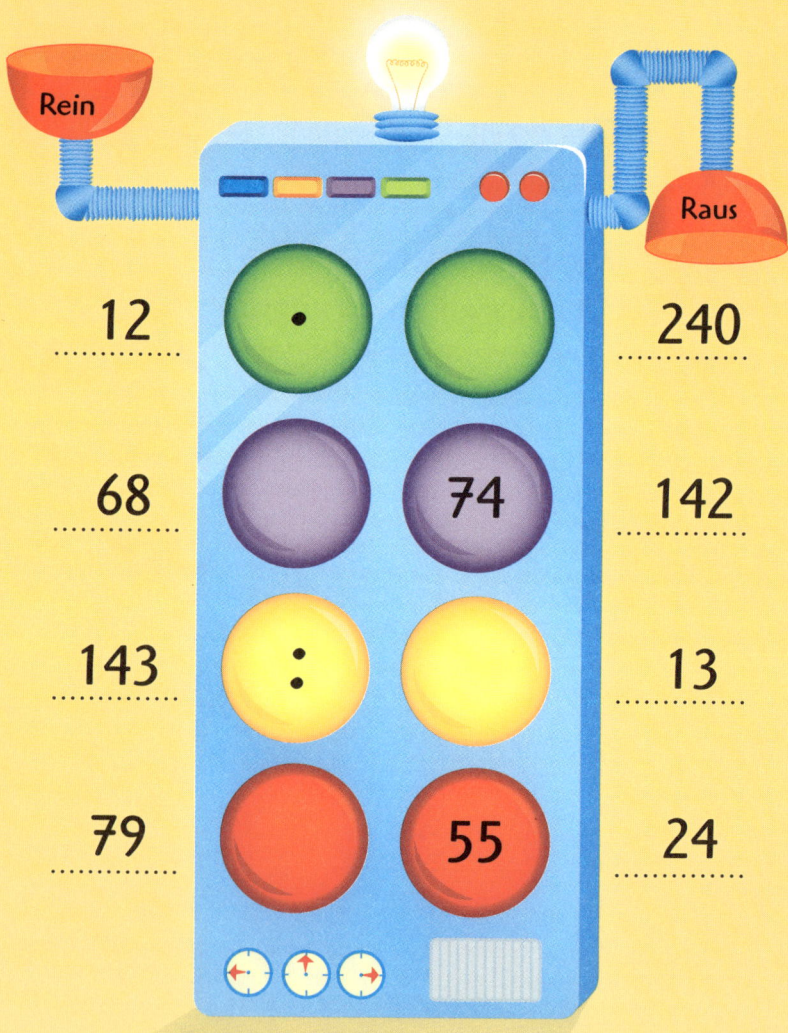

Rein		Raus
12	•	240
68	74	142
143	:	13
79	55	24

Pizzabestellung

Verbinde die Bestellungen
mit der passenden Pizza.

Jonah

$\frac{1}{2}$ Pilze
$\frac{1}{4}$ Käse
$\frac{1}{8}$ Oliven
$\frac{1}{8}$ Salami

A

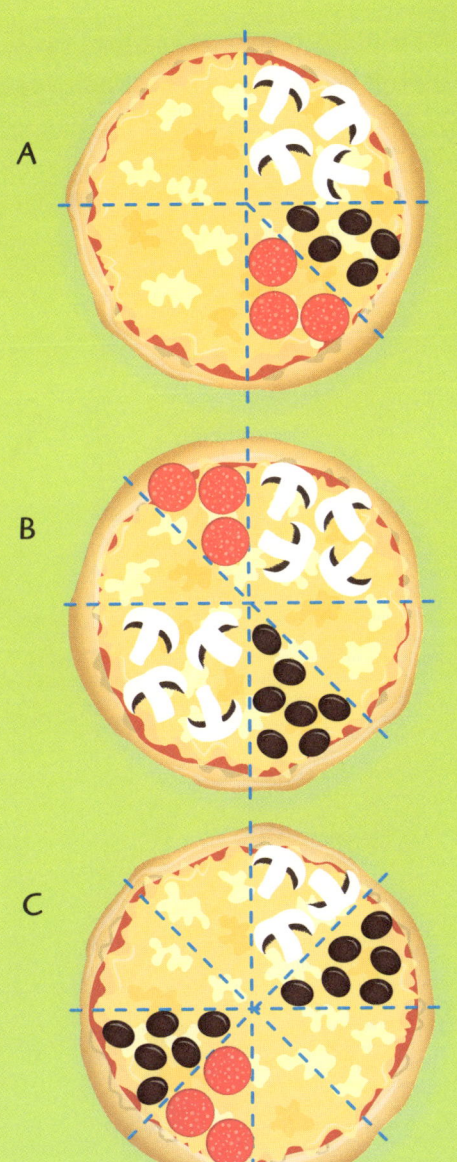

Ida

$\frac{1}{2}$ Käse
$\frac{1}{4}$ Pilze
$\frac{1}{8}$ Oliven
$\frac{1}{8}$ Salami

B

Tilda

$\frac{1}{2}$ Käse
$\frac{1}{4}$ Oliven
$\frac{1}{8}$ Pilze
$\frac{1}{8}$ Salami

C

Schuhsammlung

Popsängerin Gigi ist verrückt nach Schuhen. In einem Monat kauft sie 12 neue Paare, verschenkt dafür aber 36 alte. Am Monatsende besitzt sie 70 Paar Schuhe. Wie viele Paar Schuhe hatte Gigi am Anfang des Monats?

Lösung: ....

Würfelpaare

Fast alle Würfelpaare haben dieselbe Augenzahl wie eines der anderen Paare. Welches Paar passt zu keinem anderen?

Bunte Drachen

Verschönere 20 % dieser Drachen mit Punkten. Male dann Karos auf 25 % der übrig gebliebenen Drachen und Streifen auf $\frac{1}{3}$ der noch leeren Drachen. Zuletzt malst du Schnörkel auf $\frac{1}{4}$ der restlichen Drachen.

Wie viele Drachen bekommen kein Muster?

Lösung: ....

Fleißige Helfer

Paul und Ella werden mit Stickern belohnt, wenn sie im Haushalt helfen. Wer bekommt mehr? Finde es heraus, indem du die Sticker auf das Poster zeichnest.

1. Paul saugt zweimal Staub, macht zweimal die Betten, spült einmal ab und hilft zweimal beim Kochen.

2. Ella saugt einmal Staub, macht dreimal die Betten, spült zweimal ab und hilft einmal beim Kochen.

UNSERE HELFER

- Staub saugen – 2 Sticker
- Abspülen – 1 Sticker
- Betten machen – 1 Sticker
- Beim Kochen helfen – 2 Sticker

Paul

Ella

Lösung: ....

Roboterreihe

Schau dir die Muster auf den Bildschirmen der Roboter in der oberen Reihe genau an. Welcher der drei unteren Roboter setzt die Reihe richtig fort?

?

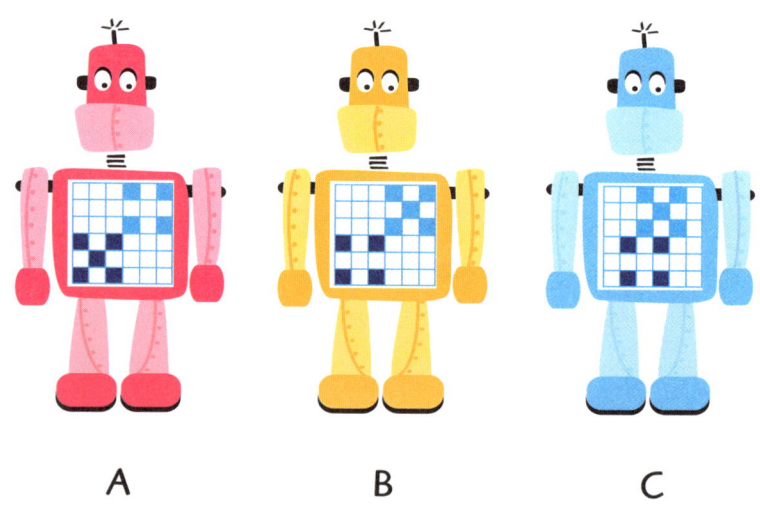

A   B   C

62

Am Strand

Heute sind 12 Paare am Strand. Ein Drittel von ihnen hat
zwei Kinder dabei, ein Drittel hat ein Kind mitgebracht
und das letzte Drittel hat keine Kinder. Wie viele Personen
sind insgesamt am Strand?

Lösung: ....

Es gibt fünfmal so viele Muscheln am Strand wie Kinder.
Wie viele Muscheln sind es?

Lösung: ....

Ein Viertel der Kinder hat jeweils eine Sandburg gebaut
und ein Viertel jeweils zwei. Wie viele Sandburgen
wurden insgesamt gebaut?

Lösung: ....

Hasenabenteuer

Ein Hase hüpft die Wege im Park entlang. Sieh dir den Parkplan auf der rechten Seite an und rechne aus, wie viele Sprünge der Hase für diese Strecken braucht, wenn er den kürzesten Weg nimmt ...

... von der Bank zu den Bäumen.

Lösung:...

... von den Bäumen zu den Büschen.

Lösung:...

... von den Bäumen am Teich vorbei zum Spielplatz.

Lösung:...

Zahlensuchrätsel

Alle Lösungen zu den Aufgaben unten
sind in diesem Raster versteckt. Umkreise
die Lösungen mit dem Stift so, wie du es
im Beispiel siehst.

7	3	9	2	0
4	8	0	8	1
0	2	5	3	7
4	6	3	8	7
8	1	5	2	9

7	2	8	1	3	0	8	4
4	2	8	7	9	9	3	7
5	0	7	3	1	4	1	9
2	4	4	5	4	5	1	7
3	1	0	4	7	5	4	0
7	9	3	9	6	1	7	3
1	0	8	7	5	9	0	1
9	7	5	1	4	4	9	2

$(25 : 5) \cdot 7$ $(8 \cdot 6) + 13$ $(70 + 18) : 4$

$(30 \cdot 4) - 6$ $(64 - 52) \cdot 9$ $(56 : 7) + 76$

$(100 - 31) : 3$ $(7 + 5) \cdot 12$ $(99 + 9) : 9$

Filmfreunde

Für eine Studie wurden im Jahr 2000 sowie in diesem Jahr
15-Jährige nach ihrem Lieblingsfilmgenre gefragt.
Die Ergebnisse kannst du an den Diagrammen ablesen.

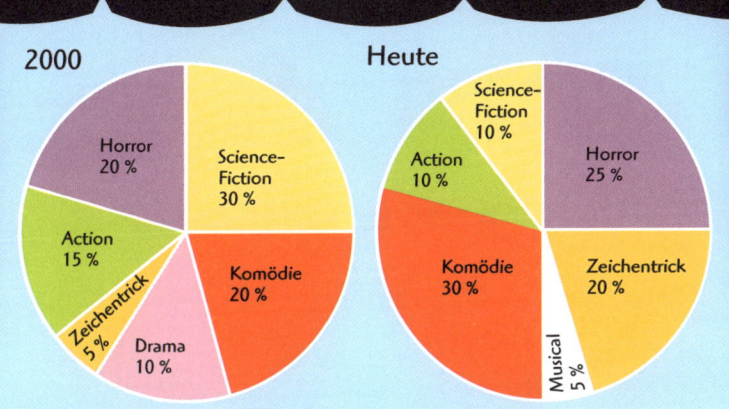

2000   Heute

Horror 20 %
Science-Fiction 30 %
Action 15 %
Zeichentrick 5 %
Drama 10 %
Komödie 20 %

Science-Fiction 10 %
Action 10 %
Horror 25 %
Komödie 30 %
Zeichentrick 20 %
Musical 5 %

1. Welches Filmgenre hat die
meisten Fans verloren?..

2. Welches Genre hat die
meisten Fans dazugewonnen?..

3. Welches Filmgenre ist
nicht mehr beliebt?..

4. Welches Genre ist neu
dazugekommen?..

Bildsubtraktion

Die Bilder in dieser Rechnung ersetzen die Zahlen
1, 2, 4 und 6. Welches Bild steht für welche Zahl?

Lösungen:

Luftblasen

Die Luftblasen platzen, wenn sie eine Zahl enthalten, die

- ein Vielfaches von 9 ist,
- eine Quadratzahl ist,
- eine Primzahl ist.

Welche Luftblase platzt nicht? Kreise sie ein.

Figuren zuordnen

Verbinde die Beschreibungen mit der jeweils passenden Figur.

A

- 4 gleich lange Seiten
- gegenüberliegende Seiten parallel
- gegenüberliegende Winkel gleich

B

- 4 Seiten
- 1 Paar parallele Seiten
- parallele Seiten unterschiedlich lang

C

- 3 Seiten
- keine gleich langen Seiten
- keine gleichen Winkel

D

- 4 Seiten
- gegenüberliegende Seiten parallel
- keine Symmetrieachsen

E

- 4 Seiten
- keine parallelen Seiten
- 1 Symmetrieachse

Urlaub in der Stadt

24 Urlauber reisen in die Stadt. Das Diagramm zeigt,
wie sie dorthin kommen. Mithilfe der Winkel findest
du heraus, für wie viele Personen jeder Abschnitt steht.

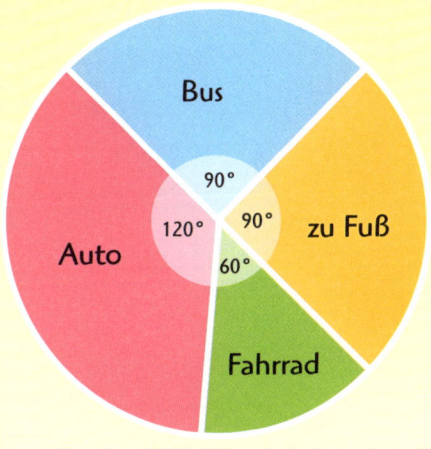

Anzahl der Urlauber

Bus: ....

Auto: ....

Fahrrad: ....

zu Fuß: ....

Eisschollen

Zeige Eisbär Emil den Weg über die Eisschollen. Er darf ausschließlich Schollen betreten, die nur eine einzige Symmetrieachse haben.

Arbeitsgemeinschaften

Von 30 Schülern einer Klasse nehmen 20 an einer Arbeits-
gemeinschaft teil: 5 sind in der Theater-AG, 4 bei der
Schülerzeitung, 8 im Sportclub und 3 im Orchester.
Kannst du das in einem Bilddiagramm darstellen?
Die erste Reihe ist schon ausgefüllt.

Ein Piratenschatz

Der Piratenkapitän ist heute gut gelaunt und beschließt, seine Schätze mit der Mannschaft zu teilen.

- Für 5 Rubine, die er für sich behält, gibt er seiner Mannschaft 1.

- Für 12 Perlen, die er für sich behält, gibt er seiner Mannschaft 4.

- Für 90 Goldstücke, die er für sich behält, gibt er seiner Mannschaft 10.

Der Kapitän behält 50 Rubine, 240 Perlen und 450 Goldstücke für sich. Wie viele Rubine, Perlen und Goldstücke hatte er vor der Verteilung in seiner Schatzkiste?

Rubine..................

Goldstücke..................

Perlen..................

Rätsel zum Ausmalen

Male alle Felder aus, deren Zahl durch 7 teilbar ist.
Welches Bild entsteht dabei?

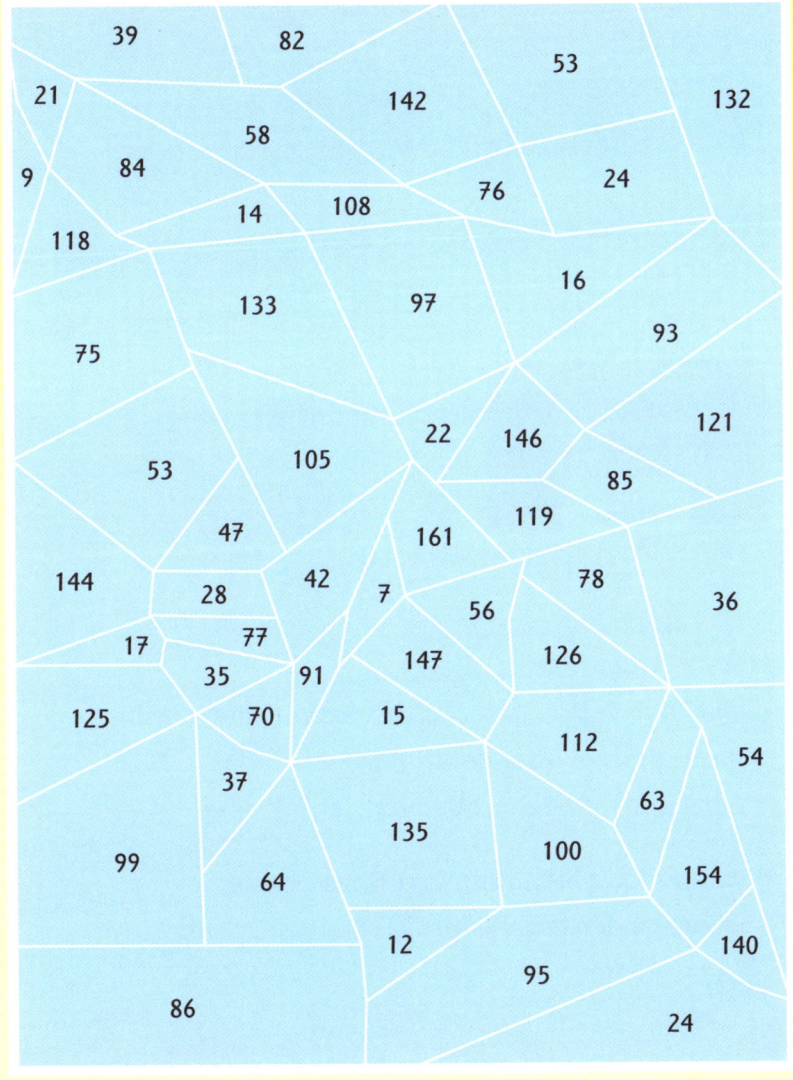

Wer wohnt wo?

Schau dir die Grundrisse der Zimmer von Jan,
Lea, Tina und Max an und lies die Hinweise unten.
Wem gehört welches Zimmer?

- Die Zimmer von Tina und Jan haben eine gleich große Fläche, aber der Umfang von Tinas Zimmer ist größer als der von Jans Zimmer.

- Der Umfang in Metern von Tinas Zimmer ist gleich der Anzahl der Quadratmeter von Leas Zimmer.

Hungrige Maus

Zeige der Maus den kürzesten Weg zum Käse. Addiere die Zahlen, über die sie läuft. Welche Summe kommt heraus?

Lösung: ....

Spiegelbilder

Die gepunkteten Linien in diesen Rastern wirken wie Spiegel. Zeichne die Spiegelbilder der F-Figuren an die richtige Stelle.

Bunte Knöpfe

Miss die Entfernungen zwischen den Mittelpunkten aller Knöpfe. Welche Knöpfe sind genau gleich weit voneinander entfernt?

A

B

C

D

E

F

Lösung: ....

Zugfahrplan

Sieh dir den Zugfahrplan an und beantworte die Fragen unten.

Abfahrt

Audorf	06:45	07:10	07:35	08:00	08:20	08:40
Beierstadt	06:55	07:20	07:45	08:10	08:30	08:50
Maibach	07:10	07:35	08:00	08:25	08:45	09:05
Eibingen	07:30	07:55	08:20	08:45	09:05	09:25

Du fährst um 06:55 Uhr aus Beierstadt ab und bleibst
eineinhalb Stunden in Maibach. Wann fährt der nächste
Zug von Maibach nach Eibingen?

Lösung: ....

Wie lange dauert die Fahrt von Audorf nach Eibingen?

Lösung: ....

Du hast um 08:40 Uhr einen Termin in Maibach und
musst dafür vom Bahnhof 10 Minuten laufen. Wann
musst du spätestens in Beierstadt abfahren?

Lösung: ....

Kannst du mithilfe dieses Codes die geheime
Nachricht entschlüsseln?

CODE:

A	B	C	D	E	I	K	L
60% von 15	25% von 64	20% von 12	11% von 50	75% von 44	50% von 96	15% von 30	10% von 25

N	O	P	R	S	T	U	Y
30% von 70	80% von 10	40% von 90	1% von 80	70% von 40	5% von 60	21% von 20	2% von 45

NACHRICHT:

5,5	4,2	16	48	28	3	33	48	21	3	8	2,5	2,5

33	0,8	2,4	8	5,5	33	4,5	21	9	2,4	4,5	33	0,8

Zeit der Pharaonen

An der Zeitleiste kannst du ablesen, welche Pharaonen
in Ägypten zwischen 1334 und 1213 v. Chr. regierten.

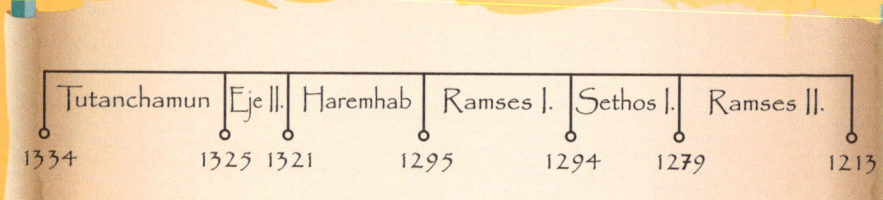

1. Kreise den Pharao mit der kürzesten Regierungszeit ein.

2. Unterstreiche den Pharao mit der längsten Regierungszeit.

3. Wie lange regierte Haremhab? ....

4. Tutanchamun bestieg mit 9 Jahren
den Thron. Wie alt war er, als er starb?

....

Im Gleichgewicht

Diese Waagen sind im Gleichgewicht. Nun werden
12 Quadrate auf die eine Seite der Waagen gelegt.
Wie viele Kreise musst du auf die andere Seite legen,
damit die Waagen im Gleichgewicht bleiben?

Lösung: ....

Wetterforschung

Martin hat ein Bilddiagramm gezeichnet, das die Regentage in der ersten Jahreshälfte zeigt.

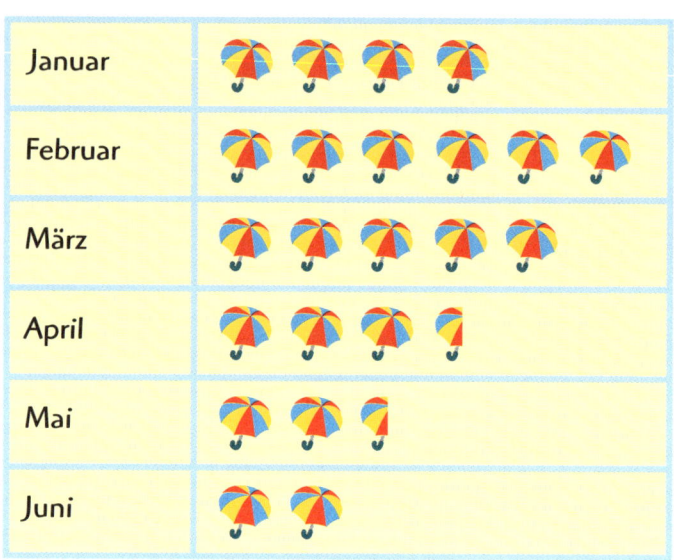

🌂 = 2 Regentage

Richtig oder falsch? Kreise die richtige Antwort ein.

1. Im Mai gab es 6 Regentage.   R / F

2. Im März gab es einen Regentag mehr
als im April.   R / F

3. Nur in einem Monat gab es mehr
als 10 Regentage.   R / F

4. Insgesamt gab es 46 Regentage.   R / F

Ein toller Käfer

Zeichne den Käfer fertig. Achte dabei darauf, dass beide
Seiten genau gleich aussehen.

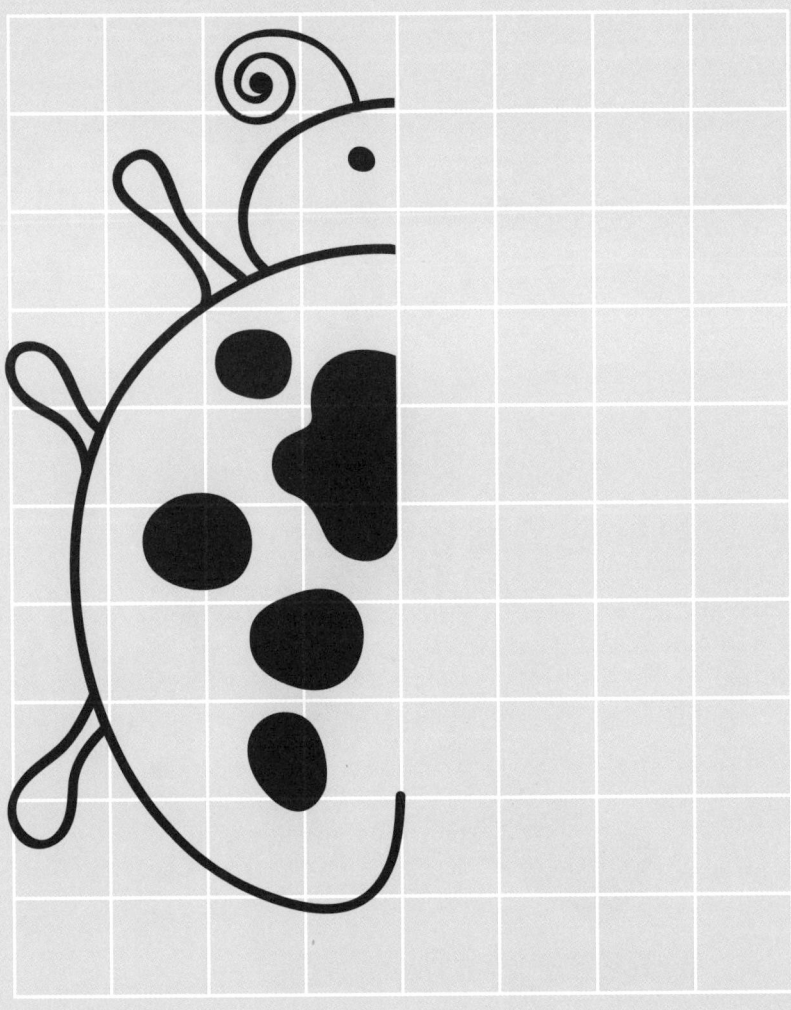

Monsterpicknick

Drei Monster machen ein Picknick. Halberich frisst nur
Essensportionen, die ein Halbes vom Ganzen sind,
Dritteloran frisst nur Drittel und Sechsterix nur Sechstel.
Schau dir die Leckereien genau an und löse dann die
Aufgabe auf der rechten Seite.

Verbinde die Kuchen-, Torten- und Schokoladenstücke mit den richtigen Monstern.

Sechsterix

Dritteloran

Halberich

Stoffpuppen

Oma bastelt gerne Stoffpuppen. Für eine Puppe benötigt sie folgende Materialien:

1 Spule rosafarbenes Nähgarn

2 große Quadrate rosafarbenen Stoff für den Körper

2 Knöpfe für die Augen

1 Spule lilafarbenes Nähgarn

3 große Quadrate gemusterten Stoff für die Kleider

$\frac{1}{2}$ Tüte Füllwatte

$\frac{1}{2}$ Knäuel Wolle für die Haare

1. Wie viele Knöpfe braucht Oma, wenn sie für jedes ihrer drei Enkelkinder eine Puppe macht?

Lösung:..

2. Wie viele Spulen Nähgarn braucht Oma, wenn sie für jedes ihrer drei Enkelkinder zwei Puppen macht?

Lösung:..

3. Wie viele Quadrate Stoff braucht Oma, wenn sie für jedes ihrer drei Enkelkinder drei Puppen macht?

Lösung:..

Obstkisten

Fülle die Tabelle aus. Wie viele Paletten, Kisten und
Schachteln werden mit jeder Obstsorte gefüllt werden
und wie viele Früchte bleiben unverpackt?

zu ver-packende Menge	Paletten (je 1000 Früchte)	Kisten (je 100 Früchte)	Schachteln (je 10 Früchte)	übrige einzelne Früchte
3574 Ananas	3	5	7	4
30 922 Bananen				
48 802 Äpfel				
65 079 Orangen				
101 430 Erdbeeren				

Auf- und abrunden

Runde diese Zahlen zum nächsten Hunderter auf oder ab:

1. 6397 ....

2. 76 759 ....

3. 135 346 ....

4. 975 468 ....

5. 675 810 ....

6. 328 970 ....

Runde diese Zahlen zum nächsten Tausender auf oder ab:

7. 57 390 ....

8. 901 357 ....

9. 1 543 851 ....

10. 6 931 576 ....

11. 8 308 622 ....

12. 9 159 975 ....

Abendessen

Jana kocht für ihre Freunde. Die Pastete muss 50 Minuten gebacken werden und soll dann vor dem Servieren noch 15 Minuten abkühlen. Die Backkartoffeln brauchen 1 Stunde im Ofen. Die Karotten sind in 15 Minuten gar und die Erbsen in 3. Das Essen soll um 18:00 Uhr auf dem Tisch stehen. Wann muss Jana mit der Zubereitung der einzelnen Speisen beginnen, wenn sie 5 Minuten zum Servieren einplant? Verbinde die Uhren mit den Bildern.

Kreuz und quer

In den leeren Feldern fehlen die Zahlen von 1 bis 9.
Die Summe der Zahlen in jeder Zeile und in jeder Spalte
soll die Zahl auf dem dazugehörigen Pfeil ergeben.
Die Richtung der Pfeile zeigt, *ob* du waagerecht *oder*
senkrecht addieren musst. Du darfst jede Zahl in jeder
Lösung nur einmal verwenden. Beispiel: Du kannst
4 aus 3 und 1 zusammensetzen, aber nicht aus 2 und 2.

Fehlende Zeichen

Ergänze die fehlenden Rechenzeichen so, dass jede Zeile eine wahre Aussage enthält. Verwende < für „kleiner als", > für „größer als" und = für „ist gleich".

a. 0,03 .... 3 %

b. zehn Millionen fünfhundert 1 000 500

c. 300 030 .... dreihunderttausendunddrei

d. -100 .... -99

e. 60 % .... $\frac{9}{15}$

f. achtundachtzig Komma acht 88,08

g. $\frac{11}{2}$ 5,5

h. $\frac{1}{3}$ .... 30 %

i. 60,06 60,6

j. $\frac{1}{8}$ .... $\frac{7}{49}$

Im Gleichgewicht

Quadrate, Dreiecke und Kreise wiegen unterschiedlich viel.
Die ersten beiden Waagen befinden sich im Gleichgewicht,
die dritte jedoch nicht. Kannst du die Waage ins Gleichgewicht bringen, indem du auf der rechten Seite die
richtige Anzahl Kreise hinzufügst?

Zahlensuchrätsel

Alle Lösungen zu den Aufgaben sind in diesem Raster versteckt. Umkreise die Lösungen mit dem Stift so, wie du es im Beispiel rechts siehst.

7	3	9	2	0
4	8	0	8	1
0	2	5	3	7
4	6	3	8	7
8	1	5	2	9

1	8	7	3	8	7	1	2
8	7	5	0	6	5	0	4
0	9	6	1	2	1	6	9
5	3	2	0	5	1	2	0
2	0	9	1	7	8	6	3
7	3	6	6	5	4	7	5
0	5	2	2	1	1	0	8
9	3	1	0	8	2	5	5

$(44 - 37) \cdot 13$

$(16 + 46) : 2$

$(76 : 4) + 8$

$(32 + 64) : 4$

$(59 - 48) \cdot 11$

$(88 + 77) : 3$

$(77 \cdot 3) - 152$

$(42 : 7) \cdot 14$

$(24 \cdot 5) - 82$

Multiplikationsmaschine

Wähle eine gerade und eine ungerade Zahl aus. Wenn du sie in die Maschine wirfst, soll das Ergebnis 104 sein. Schreibe die richtigen Zahlen auf die gepunkteten Linien.

19   23   21   8   10   6

−13   +7

multipliziert

104

Dominosteine

Zähle die Augen auf den Dominosteinen.
Auf wie vielen ist das Ergebnis ...

... eine ungerade Zahl? ....

... ein Teiler von 64? ....

... eine Primzahl? ....

Wie viel Prozent der Dominosteine haben eine Augenzahl,
die **keine** der oben genannten Bedingungen erfüllt? ....

Sudoku

Dieses Raster besteht aus 9 Blöcken. Jeder Block hat 9 Felder. Fülle die leeren Felder so aus, dass jeder Block alle Zahlen von 1 bis 9 enthält. Jede Zahl darf in jeder Spalte, in jeder Zeile und in jedem Block nur einmal vorkommen.

	6		1		8			
	4		2		7			
3		8	7	4	5			
9		1					3	
	5	6	3	7	2	9	4	
	2					8		7
			2	5	6	3		4
7				1		6		
		2	4		7	1	9	

1 2 3 4 5 6 7 8 9

Kreuzzahlenrätsel

Löse die Aufgaben unten und schreibe die richtigen Zahlen
in die Felder. (Das Komma besetzt ein eigenes Feld.)

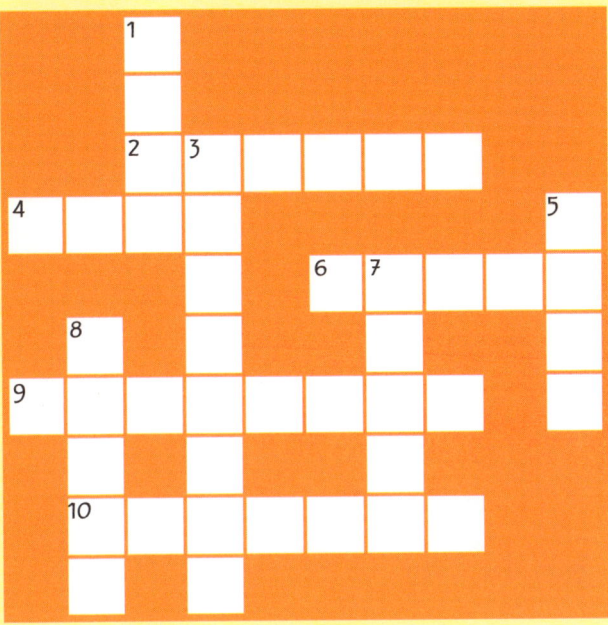

Waagerecht ➡

2. 153 249 + 264 182

4. elf Zwanzigstel als
Kommazahl

6. ein Viertel von 48 864

9. 54 972 793 – 6 302 472

10. acht Millionen
achtzigtausendundacht

Senkrecht ⬇

1. 3001 – 1156

3. fünfzehn Millionen sieben-
undzwanzigtausendundachtzig

5. 80 • 70

7. Anzahl der Beine
von 5070 Elefanten

8. Gradanzahl in einem
rechten Winkel • 202

Würfel

Wenn man mit zwei gleichen sechsseitigen Würfeln würfelt,
sind 21 unterschiedliche Ergebnisse möglich. Dabei gilt:
1 und 6 ist dasselbe Ergebnis wie 6 und 1. Wie hoch ist
die Wahrscheinlichkeit, die folgenden Zahlen zu würfeln?
Schreibe die Antworten als 21-er-Brüche.

1. eine 2 ....

2. eine 7 ....

3. eine gerade Zahl ....

4. einen Pasch ....

5. ein Vielfaches von 3 ....

Mathetest

Heute wurde ein Mathetest geschrieben. Überprüfe die Arbeiten dieser vier Schülerinnen und gib ihnen einen Punkt für jede richtige Antwort. Wer bekommt die beste Note?

Name Johanna

$1 \cdot 7 = 7$	$6 \cdot 7 = 41$
$2 \cdot 7 = 14$	$7 \cdot 7 = 48$
$3 \cdot 7 = 21$	$8 \cdot 7 = 56$
$4 \cdot 7 = 28$	$9 \cdot 7 = 63$
$5 \cdot 7 = 35$	$10 \cdot 7 = 70$

Punkte /10

Name Lisa

$1 \cdot 8 = 8$	$6 \cdot 8 = 48$
$2 \cdot 8 = 16$	$7 \cdot 8 = 56$
$3 \cdot 8 = 25$	$8 \cdot 8 = 62$
$4 \cdot 8 = 32$	$9 \cdot 8 = 74$
$5 \cdot 8 = 40$	$10 \cdot 8 = 80$

Punkte /10

Name Alina

$1 \cdot 9 = 9$	$6 \cdot 9 = 54$
$2 \cdot 9 = 18$	$7 \cdot 9 = 63$
$3 \cdot 9 = 26$	$8 \cdot 9 = 74$
$4 \cdot 9 = 37$	$9 \cdot 9 = 81$
$5 \cdot 9 = 45$	$10 \cdot 9 = 90$

Punkte /10

Name Viktoria

$1 \cdot 12 = 12$	$6 \cdot 12 = 72$
$2 \cdot 12 = 24$	$7 \cdot 12 = 84$
$3 \cdot 12 = 36$	$8 \cdot 12 = 95$
$4 \cdot 12 = 48$	$9 \cdot 12 = 106$
$5 \cdot 12 = 62$	$10 \cdot 12 = 120$

Punkte /10

Notizseite

Hier hast du Platz für Notizen oder Zwischenrechnungen.

Lösungen

1. Stadtplaner:

2. Zugfahrt: 13

3. Weltraumkarte:
ein Stern

4. Punkte
verbinden:

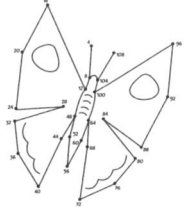

5. Spielwarenladen: Puppen

6. Honigwaben:

7. Milchrechnung:
Alma: 7, Bertha: 5, Clara: 6,
Dolores: 2, Erika: 5

8. Reisegepäck:
1. 3   2. 1   3. 2   4. 3   5. 1

9. Kaugummi-Automat:
Rot? — Unwahrscheinlich
Gelb? — Etwa halbe-halbe
Grün oder rot? — Unmöglich
Blau? — Wahrscheinlich
Kaugummi? — Tritt auf jeden
Fall ein

10. Langstreckenflug: 23:00 Uhr
am Dienstag, den 30. November

11. Schokoladenfabrik:
1. Vollmilchschokolade
2. Zartbitterschokolade
3. 5000

12. Türme und Zinnen:

Lösungen

13. Golfspiel:
1200 Schritte

14. Fehlende Zeichen:
a.= b.< c.< d.> e.= f.>
g.< h.= i.= j.>

15. Wasserspaß:

	unter 10	10–16	gesamt
amerikanisch	5	3	8
britisch	7	4	11
deutsch	9	9	18
französisch	6	4	10
gesamt	27	20	47

16. Markttag: 3 Münzen

17. Computerspiele:
1. 40 2. 4 3. 18

18. Gleiche Strecken: C

19. Was passt nicht?
A. 52 – 48   B. 0,5 • 15
C. 60 : 5   D. 0,2 • 220

20. Zahlenstrahl:
1. 2,6 Einh.   3. 2,4 Einh.
2. 3,2 Einh.   4. 5 Einh.

21. Rette sich, wer kann! 4

22. Köstliche Kekse:
1. 24   2. 130

23. Dreiecke: 37

24. Gefräßiger Frosch:
C, A, D, E, B

25. Freizeitpark: 1. Juli
2. Achterbahn   3. 400

26. Kreuzzahlenrätsel:

27. Castingshow:
1. Mischa, Tim und Ella
2. Jule

Lösungen

C

28. Zielscheibe:
40, 20, 10
50, 40, 10 oder 50, 30, 20
50, 40, 30

29. Dosenwerfen:

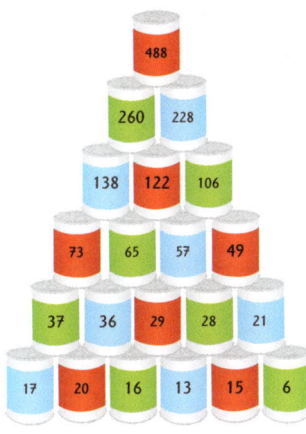

30. Tresorknacker:
90, 10, 70, 30

31. Riesen-
rakete:

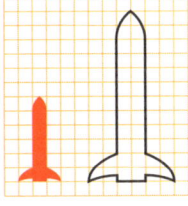

32. Schnittmengen: 1. 4
2. 8 und 2   3. 1 und 9   4. 5

33. Angelspaß:

34. Im Stau:
20 % rot   25 % schwarz
50 % silbern

35. Bingo: Henri

36. Zahlencode:
MILCHSHAKE

37. Versteckspiel: (A, 10)
(C, 2) (D, 11) (E, 4) (G, 8)

38. Musterreihe: 1. 4
2. 5   3. 10   4. 51   5. 201

39. Was gehört zusammen?:

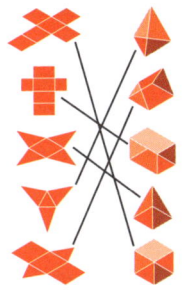

40. Zwillinge: B und F

Lösungen

41. Weihnachtsbäume:
A. 14   B. 4   C. 11   D. 26

42. Planeten und Monde:
$8 + 4 + 5 - 3 = 14$

43. Dschungel-Diagramm:

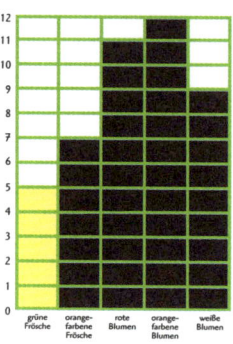

44. Dominosteine: 1. D   2. B

45. Leckere Kuchen:
1. Mache zwei gerade oder diagonale Schnitte von oben, um den Kuchen erst zu halbieren, dann zu vierteln. Mache dann einen dritten waagerechten Schnitt quer durch den gesamten Kuchen.
2. 282 Würfel. Das Innere des Kuchens entspricht $4 \cdot 9 \cdot 5$ Einheiten, das sind 180 Würfel. Die restlichen 282 der insgesamt 462 Würfel haben eine, zwei oder drei Seiten mit Zuckerguss.

46. Kreuz und quer:

	9	34	4	
9	2	6	1	
13	1	9	3	
13	6	7	11	3
	7	4	2	1
19	8	9	2	

47. Vierbeinige Freunde:
30 Minuten   136   21 Käfige

48. Kalenderrätsel:
1. 28. Oktober
2. 12. Oktober

49. Eine Lebensgeschichte:
18 Jahre in freier Wildbahn, 9 Jahre im Zirkus, 36 Jahre im Zoo. Elsa ist 72 Jahre alt.

50. Formenreihen:
1. ◯   2. ⬜   3. △   4. ⊕   5. ⬠

51. Winkel ergänzen:
a=45°   b=55°   c=50°   d=145°

52. Bilderrätsel:

Lösungen

E

53. Kartentricks: 1. $\frac{1}{4}$
2. $\frac{3}{8}$ 3. $\frac{1}{2}$ 4. $\frac{1}{8}$ 5. 0

54. Sudoku:

4	6	7	8	5	3	1	2	9
5	3	1	9	7	2	8	4	6
2	8	9	6	1	4	5	3	7
8	7	3	2	9	1	6	5	4
1	5	2	4	6	7	9	8	3
6	9	4	5	3	8	7	1	2
7	2	5	1	4	9	3	6	8
9	4	6	3	8	5	2	7	1
3	1	8	7	2	6	4	9	5

55. Delfintraining:
Bennys Trainer: 5
Pepes Trainer: 6
Dollys Trainer: 4
Diegos Trainer: 3

56. Rechenmaschine:

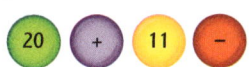

57. Pizzabestellung:
Jonah: B Ida: A Tilda: C

58. Schuhsammlung: 94

59. Würfelpaare:

60. Bunte Drachen: 3

61. Fleißige Helfer: Paul

62. Roboterreihe: B

63. Am Strand:
36 Personen, 60 Muscheln,
9 Sandburgen

64. Hasenabenteuer:
75 95 70

65. Zahlensuchrätsel:

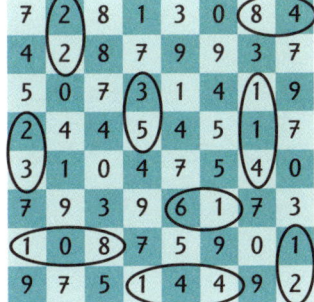

66. Filmfreunde:
1. Science-Fiction 2. Zeichentrick 3. Drama 4. Musical

67. Bildsubtraktion:

 = 1 = 4 = 2 = 6

68. Luftblasen: 26

Lösungen

69. Figuren zuordnen:

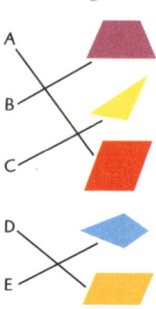

70. Urlaub in der Stadt:
Bus: 6   Fahrrad: 4
Auto: 8   zu Fuß: 6

71. Eisschollen:

72. Arbeitsgemeinschaften:

Orchester	♀ ♂
Schüler-zeitung	♀ ♀
Theater-AG	♀ ♀ ♂
Sportclub	♀ ♀ ♀ ♀
keine Arbeits-gemeinschaft	♀ ♀ ♀ ♀ ♀

73. Ein Piratenschatz
Rubine: 60   Perlen: 320
Goldstücke: 500

74. Rätsel zum Ausmalen:

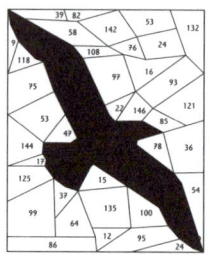

75. Wer wohnt wo?

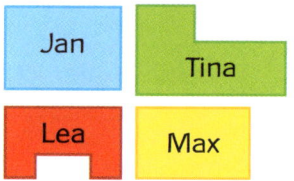

76. Hungrige Maus: 68

77. Spiegelbilder:

78. Bunte Knöpfe: A und B, B und D

79. Zugfahrplan: 08:45 Uhr
45 Minuten   08:10 Uhr

Lösungen

80. Geheimnisvoller Code:
DU BIST EIN TOLLER
CODEKNACKER

81. Zeit der Pharaonen:
1. Ramses I.   2. Ramses II.
3. 26 Jahre   4. 18

82. Im Gleichgewicht: 6

83. Wetterforschung:
1. F   2. F   3. R   4. R

84. Ein toller Käfer:

85. Monsterpicknick:

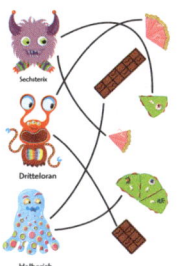

86. Stoffpuppen: 1. 6   2. 12   3. 45

87. Obstkisten:

3574 Ananas	3	5	7	4
30 922 Bananen	30	9	2	2
48 802 Äpfel	48	8	0	2
65 079 Orangen	65	0	7	9
101 430 Erdbeeren	101	4	3	0

88. Auf- und abrunden:

1. 6400
2. 76 800
3. 135 300
4. 975 500
5. 675 800
6. 329 000

7. 57 000
8. 901 000
9. 1 544 000
10. 6 932 000
11. 8 309 000
12. 9 160 000

89. Abendessen:

Lösungen

90. Kreuz und quer:

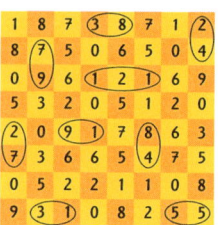

91. Fehlende Zeichen:

a. = b. > c. > d. < e. =
f. > g. = h. > i. < j. <

92. Im Gleichgewicht:
zwei Kreise

93. Zahlensuchrätsel:

94. Multiplikationsmaschine:
21 und 6

95. Dominosteine:
7, 5, 6, 20 %

96. Sudoku:

2	6	7	1	3	8	4	5	9
5	1	4	6	2	9	7	8	3
3	9	8	7	4	5	2	1	6
9	7	1	8	6	4	5	3	2
8	5	6	3	7	2	9	4	1
4	2	3	5	9	1	8	6	7
1	8	9	2	5	6	3	7	4
7	4	5	9	1	3	6	2	8
6	3	2	4	8	7	1	9	5

97. Kreuzzahlenrätsel:

98. Würfel:

$\dfrac{1}{21}$ $\dfrac{3}{21}$ $\dfrac{12}{21}$ $\dfrac{6}{21}$ $\dfrac{7}{21}$

99. Mathetest:

Johanna: 8 von 10
Lisa: 7 von 10
Alina: 7 von 10
Viktoria: 7 von 10

2. Auflage 2017 © 2017 für die deutsche Ausgabe: Usborne Publishing Ltd., 83-85 Saffron Hill, London EC1N 8RT, Großbritannien. Titel der Originalausgabe: 99 Maths Puzzles © 2015 Usborne Publishing Ltd., London. Der Name Usborne und die Symbole ⚑ sind eingetragene Markenzeichen von Usborne Publishing Ltd. Alle Rechte vorbehalten. Ohne ausdrückliche vorherige Genehmigung des Verlages ist es nicht gestattet, die vorliegende Veröffentlichung in irgendeiner Form mit beliebigen Mitteln (unter anderem elektronisch, mechanisch, durch Fotokopie oder Aufzeichnung) ganz oder teilweise zu reproduzieren, in einem Datenabfragesystem zu speichern oder zu verbreiten.